まえがき 数奇な運命

　横須賀市佐島の突端に、まるで相模湾へ漕ぎ出すような形をした館がある。明治天皇の第六皇女昌子様が輿入れされ、新たに皇族となった竹田宮家の別邸であった建物、通称・佐島邸だ。

　旧竹田宮本邸（現グランドプリンス高輪 貴賓館）は英国人建築家ジョサイア・コンドルの日本での最初の弟子で赤坂迎賓館を手がけた宮廷建築家・片山東熊が設計し、宮内庁内匠寮の手より建てられことがわかっている。しかしアカデミックなそのたたずまいとは明らかに一線を画している佐島邸。設計者など建築に関する詳細はわかっていない。

　佐島邸の建築主である竹田宮二代目当主恆徳王（1909〜1992）は、帝国陸軍の軍人として終戦を迎えている。玉音放送直後、天皇の聖旨を持って関東軍を収めるために満州へ渡るなど、終戦時には皇族として重要な役割を担った。「私はふたたび生きて帰れないことを覚悟して、夜を徹し身辺整理を行った」と日本経済新聞「私の履歴書」（1976年）に述べている。他にも貴重な資料を「終戦時のどさくさにすべて焼かれてしまった」という記載もあり、この時に別邸の資料一式も失われたと想像される。

　三浦半島の西海岸は、明治時代中期から皇族、財界人を中心とする別荘地として開けていった。葉山に御用邸が出来、佐島海岸を埋め立て竹田宮家が別邸を設けることで三浦半島の地域活性化を目指したことがうかがわれる、と横須賀市史にある。昭和6年10月に、基礎工事見聞のため恆徳親王自ら佐島の地に訪れたと当時の新聞にあり、躯体の着工はこの頃だったとみられる。

　佐島邸竣工前年の昭和9年に光子妃殿下とご結婚されていることから、ロマンチックな贈り物として絶妙なタイミングだったことも

うかがえる。

　丸4年の歳月をかけ昭和10年に竣工。7月21日の竣工式には多くの皇族が招かれた。またその1週間後には3泊4日で光子妃殿下が避暑のため来遊した、と横須賀市史にある。

　「私の履歴書」は29話の連載だが、佐島邸に関する記述はない。佐島邸着工と時を同じくして歴史的には満州事変が起き、着々と第二次世界大戦へと突き進んでいった世情を考えると、陸軍幹部としてはプライベートを公にしなかったことも理解できる。竹田家現当主恆正氏(つねただ)（恒徳王ご長男）は「記憶が曖昧」としながらも、幼い頃何回か訪れたと述べている。

　昭和22年、マッカーサー元帥によって他の10宮家とともに恒徳王は皇籍離脱、一般国民となられた。その後、佐島邸は英国人が引きとり、20年以上暮らした。

　海をまるで庭にしてしまったようなこの佐島邸は、昭和初期の洋風建築の一つとして意義深い立ち位置にある。明治期、西洋の建築デザインを取り入れ、真似し始めた日本の建築様式が、大正から戦前にかけて一気にモダンになった、まさに最盛期に建てられた邸宅である。

　当時世界中で大人気だったのはヨーロッパのアール・デコからバウハウス、モダニズムといった機能性に伴う流線美をデザインに取り入れたスタイル。ほぼ同時期に建てられた旧朝香宮邸(あさかのみや)（昭和8年竣工・現・東京都庭園美術館）がアール・デコ建築として知られるが、それよりシンプルな機能美を追究したのがこの佐島邸だ。

　さらにこの建物は当時最先端の様式で建てられた、というだけでなく、ボートでそのまま邸宅へ入れる停泊場が備わった、日本に現存する唯一のボートハウスであることが最大の魅力といえる。

　建築の経緯が不明ながら、スケートや乗馬に長け(た)日本のスポーツ界に尽力されて、スポーツの宮様といわれた恒徳王の邸宅らしい趣向といえる。現在は建築基準法でボートハウスの建設は不可能であることから、大変貴重な建築物であることは間違いない。明治期までは一帯が御料地(ごりょうち)だったせいか、この地がいくつもの神社に囲まれて建っていることも興味深い。

　本書は、知る人ぞ知る宮様の遺産を、2年の歳月をかけ四季を通じ取材した写真と記事で紹介する。晴れていれば相模湾越しの富士山を裾野まで見渡せ、雄大な夕陽の景色を望み、嵐の日には家の中まで波が押し寄せる。自然を額縁に眺める希有な存在である旧竹田宮別邸の魅力を存分に味わってほしい。

海を庭にしてしまった家

美しい昭和初期の洋風建築 ＊ 旧竹田宮別邸　石田美菜子　日経ナショナル ジオグラフィック

佐島邸の庭から眺める朝の富士山と笠島

目覚めて最初の景色は、ベッドルームの窓から
見える一面の海

朝日が差し込むベットルーム。押し入れのある
壁面のカーブがコルビュジエ風。壁にある絵は
コルシカ島の神話を題材にしたフランス人画家
ダリウス・ヘック・コーキルの1996年の作品

ベットルームの入り口は段差で切り替え。この
段を下りて一日が始まる

ベッドルームから玄関前を通ってリビングへ。
照明は北原氏がアメリカで買い付けた1930年代のアール・デコ調のもの

リビング特等席に置かれているのはフランク・
ロイド・ライトが設計したテーブルと、それに
合わせて作られた特注の椅子

木と大理石の組み合わせは玄関からリビングの床面各所に見られる

北原氏がメルローズ・アベニューのアンティークショップで買い付けた、1930年代のアール・デコ調シャンデリア

作り付けの照明は窓の円形とリンクしたシンプルなデザイン

フランク・ロイド・ライトのテーブルフレームにある模様を木枠にデザインして、ファブリックと合わせた特注の椅子

ギリシャ建築を思わせる、フルーティングと呼ばれる縦の線が入ったリビングの円柱や角柱が印象的だ。わざとおおざっぱに作っているように見えるが、これこそが古いものをデフォルメするアール・デコの特徴。2段になった天井は宮家の時代から間接照明だったようだ。真ん中にあるゲーム台は以前住んでいた英国人から譲り受けたもの

満潮時には海面がすぐそこに迫る

玄関に鎮座するのは1956年のSF映画『禁断の惑星』に登場した「ロビー・ザ・ロボット」。映画に登場した実物から型を取って作られたものは、これを含め世界に7体しかない。大きさは2メートル15センチ、ライトが光り耳の部分がクルクル動くなど精巧な作り。コントローラーで映画のセリフを話す

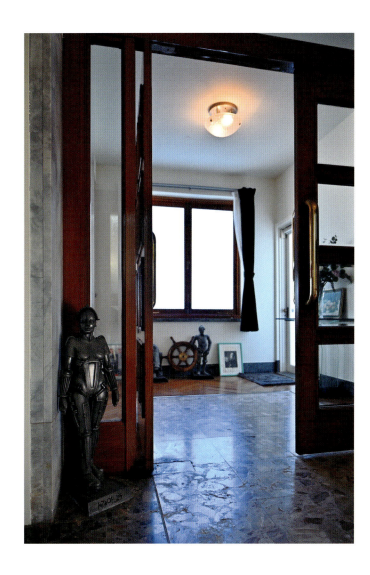

『メトロポリス』（1927年）のマリアなど、映画に登場するキャラクターたちが出迎えてくれる

コレクションと一緒に置かれた、いかにも古そうな瓦には菊のご紋が。宮様の屋敷向かいに立っていた女官たちのための建物の屋根瓦が今も残されている

　　　しんちゅう
　　　真鍮の取っ手がついた玄関扉に続くアプロー
　　チ。正面に見える左の扉はバルコニーへ、右
　　の扉は奥の小部屋へとつながる

大正時代のガラスの色が石の壁に優しい光を
落とす

富士山の姿を、至る所から堪能できる

建物の価値

　旧竹田宮別邸は、建築の成り立ちに関する資料が失われ、その経緯について確実なことはわかっていない。しかし昭和初期の宮邸でありながら、地下にはボートの停泊場も供えた日本で唯一のボートハウスといえば、その価値の程が伺い知れる。いったい誰がこの建物の設計図を引いたのか。建築史家、藤森照信氏は佐島邸の設計を手がけた建築家を次のように推測する。

　当時宮家の住まいは、多くが宮内省の一部署であった内匠寮(たくみりょう)によって設計から施工まで行われていた。藤森氏はまず外観を一目見て、昭和初期の宮内庁内匠寮のデザインとしては大変モダンであることに注目した。

　明治期以降、天皇家は和館には住まないと決められていたから、そもそも宮家の暮らしぶりは一般人からするとかなりモダンであったという。先進的な西洋社会と対等に付き合うために、西洋式の日常を送る必要があった。天皇家が日本の伝統的な布団では寝ていなかったことに驚く人も多いかもしれない。屋敷を木造で作り畳を敷いても、その上にはじゅうたんを敷き、椅子と机の生活をするのが天皇家では当たり前となり、やがては皇位継承権を持つ宮家もそれに倣うことになったのだそうだ。

　次に佐島邸の内観について。外観のモダンさからは少し時代を戻したアール・デコ様式がふんだんに取り入れられていることに藤森氏は着目した。歴史主義建築様式の旧服部時計店（現・和光ビル、1932年竣工）と旧第一生命館（現・第一生命日比谷ファースト、1938年）、帝冠様式建築の旧東京帝室博物館本館（現・東京国立博物館本館、1937年）。昭和初期建築のシンボルともいえるこの三つの建物を設計した建築家、渡辺仁(じん)が珍しくモダニズム建築として手がけた実業家の原邦造私邸（原美術館（現存せず）、1938

年）が、佐島邸によく似ているという。

　渡辺 仁の代表作である旧東京帝室博物館本館は、ジョサイア・コンドル設計の前身建物が関東大震災（1923年）によって崩壊した後、1928年に昭和天皇の大礼を記念してコンペが行われ、渡辺の案が採用されたものだ。建設は宮内省内匠寮の仕事だったために、実施設計を内匠寮工務部建築課にいた権藤要吉が担当した。権藤は日本のアール・デコ建築の代表である旧朝香宮本邸（現・東京都庭園美術館、1933年）の骨格を設計した人物である。

　佐島邸のモダニズムの外観、アール・デコの内装という特徴は、渡辺 仁の建築にも通じるところがある。権藤の旧朝香宮本邸も同様だ（旧朝香宮本邸の内装は、フランス人の画家で室内装飾家でもあったアンリ・ラパンが担当している）。

　昭和10年に竣工した宮家の別邸である佐島邸が、もし宮内省内匠寮の仕事であったなら、その時代にこの設計を実現させられる一人として権藤要吉がいたのではないか。渡辺 仁の原美術館にも似た雰囲気が見られるのは、佐島邸建設と時を同じくして建設が進んだ旧東京帝室博物館本館で渡辺の近くにいた権藤が、少なからず影響を受けたと考えてもおかしくない、と藤森氏は謎に包まれた佐島邸建築家について推理する。

　モダニズム建築の巨匠、ル・コルビュジエを研究する林美佐氏も、海に浮かぶ邸宅の外観から、かなり先進的なモダニズム建築の設計デザインだとしながら、内観を含めるとそれだけではないと語る。

　世界的な建築の流行を見ていくと、1910年代にアール・デコが登場、それまでの植物など自然のモチーフと柔らかな曲線を特徴とした装飾美のアール・ヌーボーに代わって隆盛を極めていく。アール・デコは機械のあでやかな輝き、幾何学的かつダイナミックなギ

ザギザした動きの表現が特徴で、建築ではキュビズム的な表現を装飾にアレンジした。さらに1919年にはドイツにバウハウスが登場、日本でも人気を博していくその時、フランスで活躍していたル・コルビュジエは、それまで石造りだった建物をコンクリートの柱と梁で作ることを提唱。これが日本の伝統的な建築法と合致することから、1929年日本でル・コルビュジエの大ブームが巻き起こった。ル・コルビュジエが好んだ船や飛行機などの形にインスピレーションを得たデザインは、日本の近代洋風建築に盛んに取り入れられることとなった。

　旧竹田宮別邸の建築が計画されたのは、まさにその頃である。佐島邸の、海に突き出すように作られたリビングの窓、船の甲板のような屋上部分、邸宅の至る所に見られる曲線を描いた形、船の丸窓を使用したところなど、また屋上を生活の一部として利用しようというアイデアは典型的なル・コルビュジエのスタイルだと林氏は語る。

　外観はモダニズム、内観のアール・デコ。海外の建築家たちの風味も感じられる。このようにさまざまな様式が入り交じるのは日本近代建築の特徴だと建築史家、米山勇氏は言う。明治時代、西洋化を進める中で日本に入ってきた建築技術を「確信犯的に様式的語彙を取捨選択しながら折衷していた」のが昭和になって建てられた洋風建築なのだと。

　また、アール・デコは手仕事の痕跡を消し去り、まるでコピペしたかのような連続した同一の形を用いるのが特徴の様式である。とりわけリビングには随所にこの特徴が見られる。

　屋敷が人の手を渡る間に、玄関、暖炉、そして海に面した踊り場部分がプールに、と大きくリフォームが施された。しかし昭和初期の日本らしい洋風建築の特徴は、今もそこかしこに見られる。

竣工当時は低い生け垣があるだけだった道路と
の境界。今は高い塀で仕切られ、道行く人は
興味深そうに眺めてゆく

敷地に隣接する天神島臨海自然教育園に群生するハマオモト（ハマユウ）。一帯は野生生息の北限だ

曲線と直線を組み合わせたシンプルな外観は、典型的なモダニズム建築様式。海と空の碧さに芝生の緑が目に眩しい

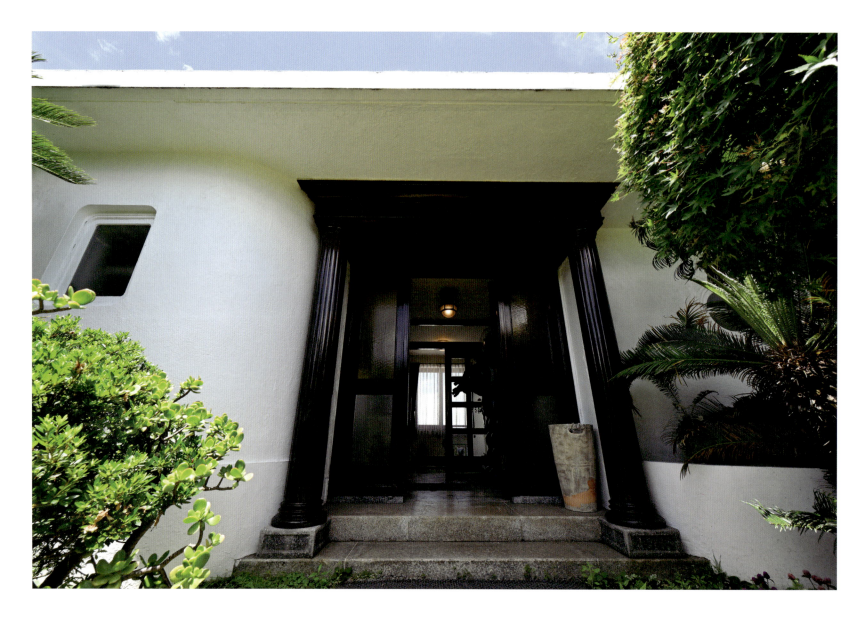

宮家の時はガラス窓だった木製の玄関部分。ギリシャ神殿風の柱でリビングのデザインとリンクしている

潮が引くと固い岩盤地形がむき出しになる。
天神島の岩礁はおよそ500万年前に海底で
堆積した地層で出来ている。水深2000～
3000メートルの海底で堆積したこの地形は、
長い時間をかけ地殻変動によって隆起したもの

湘南の海沿いでは温暖な気候のために、庭にソテツの木が植えられているののをよく見かける。佐島邸のソテツは度重なる台風被害を免れ、びっくりするほど大きい。ガラスのブイがアクセント

波の穏やかな日、船の停泊場から階段を上がると、数年前の台風で根こそぎ折れた藤の木が青々と蘇っていた

新鮮な朝の日差しが、白い壁におもしろい影を重ねる

宮様の屋敷が出来ることになって天神島へ掛けられた、擬宝珠(ぎぼし)のある天神橋。ここを渡ったところから天神島で、すぐ右手に旧竹田宮別邸がある

天神橋の上から佐島邸方向に目をやると、かつての藤棚越しに富士山が見える。多くの人が足を止め、カメラを構える撮影スポットだ

暖地の海岸近くに生える丈夫な低木トベラ。潮風や乾燥に強く、防風林や防砂林の役目を持つ。秋になると実が割れて、赤くネバネバした種がムクドリやメジロたちの餌になる

宮邸のイメージに合わせて建てられた別棟洋館の、屋上に上がる螺旋(らせん)階段とレモンの木

佐島石で作られたバルコニーのフェンス。台風で破壊された部分は、同じ佐島石を使って修復されている。佐島石はこの辺りで取れる岩石で、軽石や火山灰からなる、地域一帯で石垣や建築の土台として使われる素材

高い塀の上からブーゲンビリアの花がのぞく

台風で破壊された後に新しく取り付けけた照明も、船で使われそうなデザイン

もとは踊り場だった場所を、後にプールにリフォーム。引き潮の時に水を抜き、水道水を入れ替える

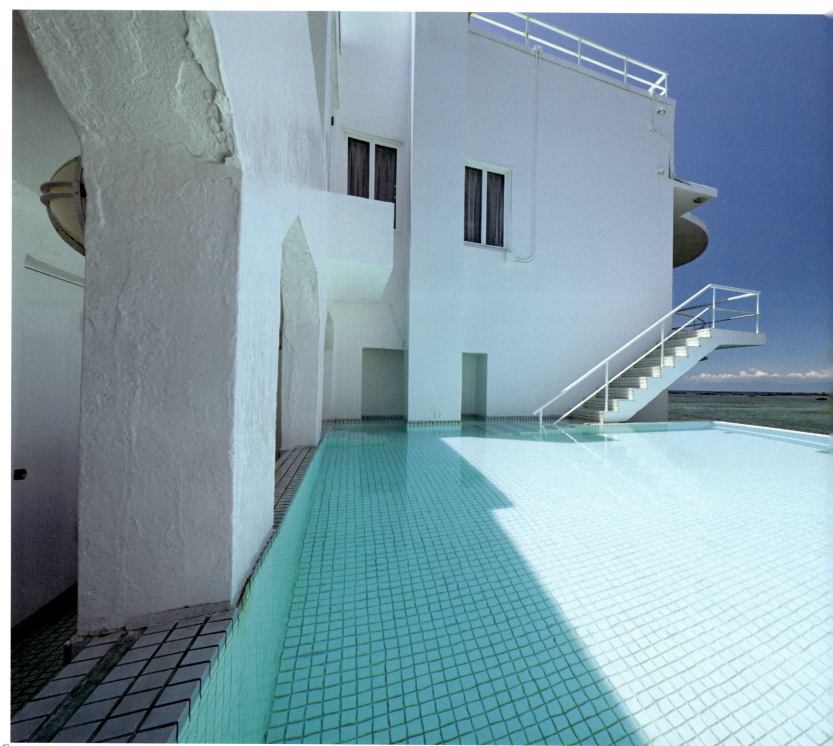

屋上の手すりは低く細く、間隔も空きすぎていてほとんど用を足さないように見えるが、建物全体のバランスを見て作られている。北原氏は修理の際、安全のために職人が取り付けた丈夫な素材で十分な高さ、間隔の手すりを全部元の通りにやり直しをさせた

鍵を回してロックする。建築当時はこのスタイルが主流だった

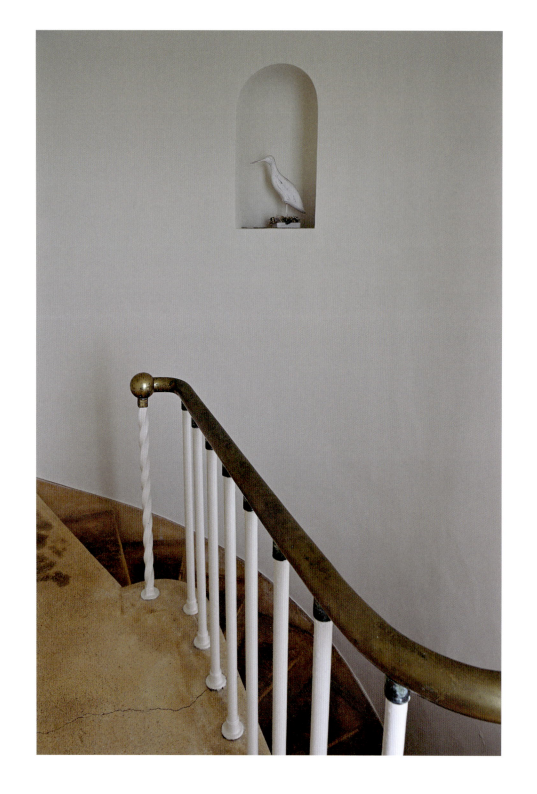

建築用語でニッチといわれる飾りのくぼみに、北原コレクションの小鳥が収まる。真鍮(しんちゅう)は古い建物に合うよう磨いて光りすぎないようにしている

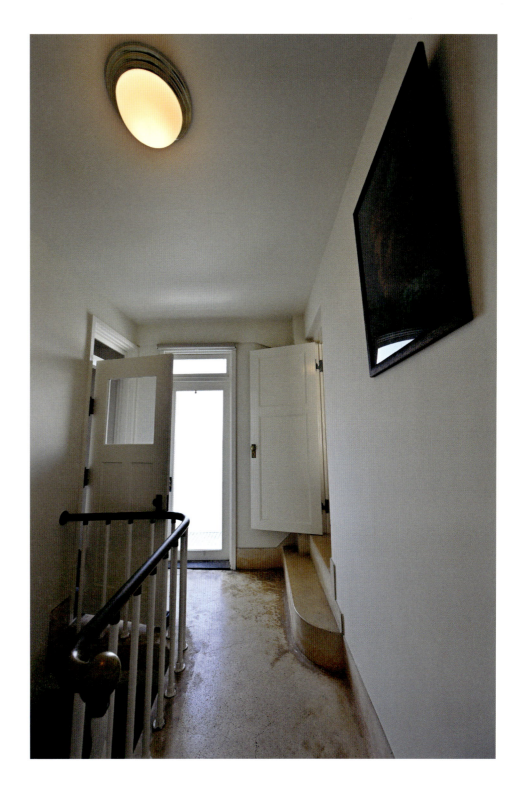

廊下のシンプルな空間にダリウスの作品

天井は直線と曲線の融合。手すりとも呼応している

地下の空間には船で使われる照明が多用されている

ボートの停泊所から見たプールに出る通路。左側には2つのバスルームと小部屋が並ぶ

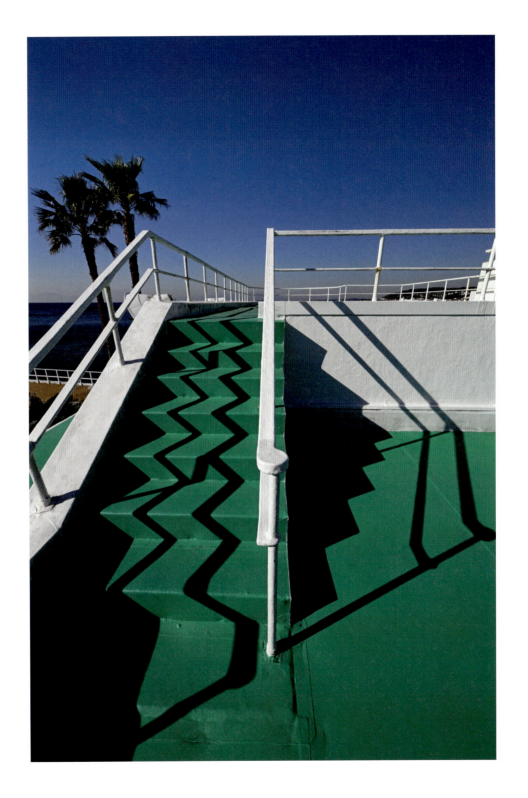

屋上へ上がる階段。影まで計算されているよう

撮影をしていると、鳥たちが様子を見にやって
来る。この日はカモメが

屋上からの眺めは、さながら 豪華客船の甲板
からの風景だ

庭の先端は船首のよう。先端に立つとそのまま
漕ぎ出していくような錯覚に陥る

一日のうち数回、食事の時間に決まってやって来るハクセキレイ。尾っぽを上げ下げするポーズで見定めている

建物の構造と季節の表情

　県道213号を海の方向へ折れた先にある天神島は、かつては切り離された島だった。佐島邸に隣接した天神島臨海自然教育園は、当時の自然環境を保護している。ここに群生するハマオモト（ハマユウ）は1953（昭和28）年に自然分布の北限として神奈川県の天然記念物に指定された。この植物が平均気温15℃の海沿いに生息するとされることから、この一帯が温暖な気候であることがわかる。のちの1965（昭和40）年には天神島の一部と沖の笠島が周辺水域を含めて名勝・天然記念物に指定されている。

　一帯は干潮時にごつごつとした岩場が現れ、そこに立つ佐島邸が、海沿いでありながら頑丈な地盤を埋め立て建設されたことが伺える。平らに埋め立てた地に宮家が建つことになったので道路は新調され、島は擬宝珠のある丸橋でつながれた。橋を渡る手前には馬場が作られ、宮様の馬が放たれていた。

　宮様が住まわれていた頃、辺りに民家はなく、低い生垣で敷地を区切るのみだった。邸宅の道を挟んで反対側には女官たちの住まいが、邸宅敷地内左手には側近が控える家があった。それらの建物は和館だったようで、菊のご紋入り屋根瓦が残されている。側近の家だったところは、今は宮邸のイメージに近い洋館に建て替えられている。

　女官たちは佐島の人ではなく、葉山御用邸から遣わされていたようだ。そんな宮家と地元の方たちの交流は、村を代表する数人のみだった。宮家から民間の手に渡った後には敷地に遊びに行ったことがあるよ、とその頃子供だった辺りの方たちから聞いた。

　佐島の海に突き出すように建つこの屋敷は、地上一階地下一階建ての鉄筋コンクリート造り。門から車を導く道筋の先に玄関がある。玄関はもともとはガラス窓だったようだ。宮様が玄関ドアを開けて家に入るイメージはなく、ご到着になると窓を開けてのお迎え

があったのかもしれない。

　後に住んだ英国人により、木製の重々しい扉がある玄関となった。宮家は西洋の生活と同じく上下足の区別をつけないのが習わしだったから、下駄箱などのしつらえはない。扉を開けるともう一つのガラス扉があり、その向こうでこの屋敷最大のスペースであり海を見渡せる大窓のあるリビングにつながる。円柱に支えられた広いフローリングの天井は2段になり間接照明の作り。北原氏がロサンゼルスで買い求めたアールデコ調のシャンデリアが存在感を示す。窓と反対側にある暖炉は宮様がお使いの頃はなく、代わりにセントラルヒーティングがあったように当時の記録から推測される。

　海を取り込む丸窓のあるスペースは、2段ほど階段になって少し高い視座に立てるようになっている。これは同じ室内で空間を切り替えるフランクロイド・ライトの手法に見られる、と林氏は語る。また、日本建築であれば床が上がった分天井も高く作るが、床が上がっても天井はそのままに、わざと相対的に「天井高」を変化させて作るのがライト式だと、米山氏も指摘する。

　リビングと反対の方へ歩いていくと、客間やベットルームへと小さな部屋がつながっている。ベットルームの入り口では階段を2段だけ昇る。この段差によって真下にある地下ボートハウスの天井が他の部屋より少し高くなっている。

　客間とベットルームの間には地下へ降りる、美しい曲線が印象的な手すりのある階段がある。壁にはニッチといわれる小物や絵などの飾り棚として壁の一部をへこませた部分があって、ここには北原氏がロサンゼルス・パサディナのアンティークショップで見つけた小鳥が休んでいる。

　階段の下は3方向が扉で囲まれている。右へ行けばボート停泊場、左は2つある風呂場の一つ、そして正面はプールへ出る扉だ。プールはかつて踊り場のようにしていた場所をリフォームしたものだ。通路から階段でプールに入ったり、海へ出たりできる。

　ボート停泊場の反対側から階段を登ると右へ行けば玄関へ、左へ行けばバルコニーへとつながる。リビングの円形大窓をここから眺めると、窓の上にひさしのような部分があることに気がつく。これは欧米のモダニズム建築的にはお世辞にも格好良いとはいえず、まずやらない手法だと、藤森氏も米山氏も指摘する。だが日本の伝統を考えると、ひさしがないのはあまりにも抵抗がある。雨仕舞い、日よけなど、日本の風土を考えて付けられたものだろう。

　円形大窓の前は回廊になっていて、外をぐるりと回れるが、プール側からはつながっておらず庭側から回ることになる。リビングの大窓からは、双眼鏡で江の島越しに対岸の湘南一帯、さらに条件が良ければ真鶴半島突端まで見渡せる。佐島邸から眺める海は、一度として同じだったことはない。晴れた日の青空と海が邸宅には一番似合うが、雨の日も幻想的で見飽きることがない。夜に電気を消した邸宅内から眺める月や星も美しい。

　穏やかな気候で海沿いながら草木が良く育つ環境であることは冒頭に述べた通りだが、そこに集まる鳥たちも多彩だ。カモメやトンビ、サギ、ウ、ハクセキレイ、イソヒヨドリ、スズメ、メジロなどは常連で、ウグイスや時折アオバトの鳴き声も聞かれる。プールへ下りる外階段に小さなカニが歩いていたり、猫が悠々と庭を横切ったり。ここでは人間は、これら生き物たちの単なる同居人なのかもしれない。

すっかり葉桜になってしまった…と 思っていたら、後から可愛らしい花 が咲き始めた

個性的なこの照明は、北原氏が日本のアンティークショップで見つけたもの。

毎日毎時異なる色の海を眺めながらアフタヌーンティー。食器も1930年代のもので

「海を庭にしてしまった家」だから、至る所から海の風景が迫ってくる

北原氏が日本のアンティークショップで見つけた、昭和初期の日本製白切子カットガラスの照明。モダンな洋風の設えにレトロ感をプラスする

大きなポスターはコルビュジエと並んでモダニズム建築の巨匠といわれたマレ・ステヴァンスの作で、自身が設計した建築物・通称ラ・ペルゴラをデザインしたもの。

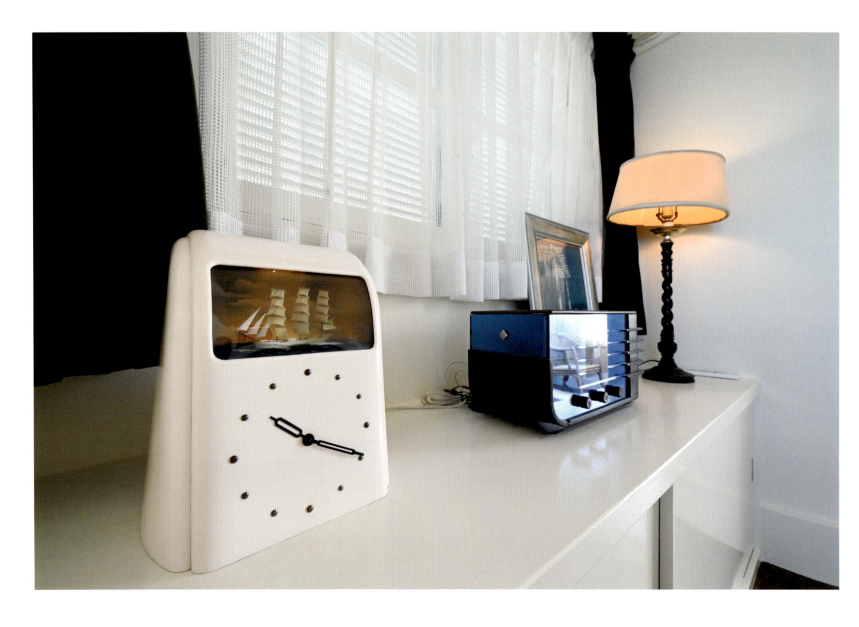

寝室には秒針の代わりに船が揺れる時計など、
その部屋にあったコレクションが飾られている。
もちろん、きちんと時を刻みながら

トイレの扉はもともと素ガラスがはまっていたものを、わざわざ大正ガラスにはめ変えた。1930年代に戻すのだ、という北原氏の意気込みは細部にまで渡る

リフォームでリビングには暖炉が作られたが、煙突から海風が吹き込むためにすぐ使用しないようになった。煙突の穴は今は塞がれている

フランク・ロイド・ライトのテーブル。縁や足にはアール・デコ特有の連続した模様のデザインが彫られている

卓の裏側を探すとフランク・ロイド・ライトのサインがあった

アール・デコのデザインが施されたティーセットも1930年代のもの

1920〜1933年にアメリカで施行された禁酒法時代に作られたラジオ・バーのラジオ部分。この上を開くとバーカウンターが出てきて、隠れてお酒を楽しんだ

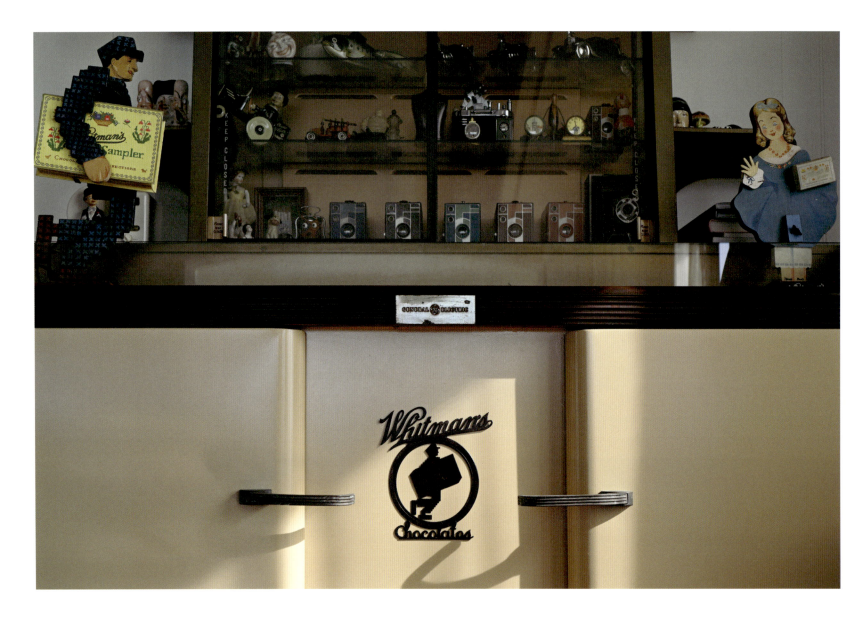

1842年に創業したアメリカのチョコレートメーカー、ホイットマンズの冷蔵ショーケース。今はコレクションのショーケースに

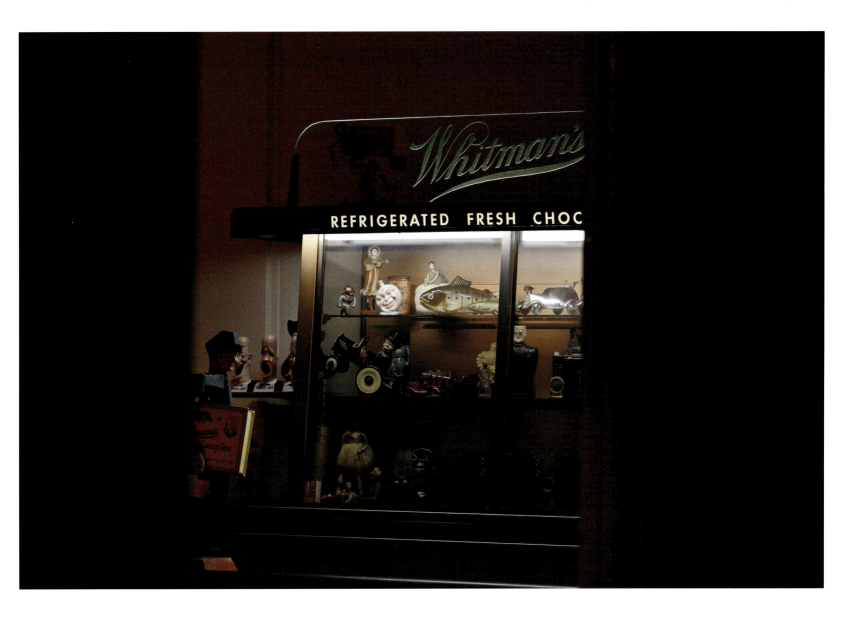

夜、照明をつけると、コレクションが浮かび上がる

度重なる台風の襲来でリフォームを繰り返しているが、小さくて深いバスタブやタイルの雰囲気は竣工当時のまま

キッチンには梁があって部屋を二等分している。角の丸い窓枠やカーブを描いた壁面は船の丸みをイメージさせる

邸宅内にはトイレが3カ所ある。ここは客間のトイレ。洗面所に細かいカラフルなタイルが敷かれてあり、2段階段を登ったところがトイレの個室になる

船舶用の窓をはめたのではないかと思わせるようなトイレの窓

雨の日、アロエの葉に雫がまとわりついていた

青い海が似合う佐島邸だが、そんな日ばかりではない。低気圧が近づくと、徐々に海の様子も変化してきた

現在の持ち主

　旧竹田宮別邸は、1997年からはブリキのおもちゃ博物館館長・北原照久氏が所有している。2023年に30周年を迎えたご長寿番組「開運！なんでも鑑定団」に皆勤賞で出演している、あの鑑定士だ。

　海にせり出すその魅力的な姿であるために、この建物に憧れていた人は多かった。それが「まさか売りに出されるなんて！」というのが、不動産情報でこの物件を見た時の北原氏の感想だ。

　北原氏と旧竹田宮別邸との出会いは、ある一冊の雑誌。『ポパイ』（マガジンハウス）1981年6月25日号に「海を庭にしてしまった家」という見出しのコラムで紹介されていたこの屋敷に、氏は一発でほれ込んでしまった。掲載当時は、宮様の手を離れて英国人が住んでいた。海にぽっかり浮かんでいるような屋敷の空撮写真を見た時の驚きを、北原氏は今でも鮮明に覚えている。

　その屋敷が『BRUTUS』（マガジンハウス）1985年6月1日号の湘南不動産情報に売り出されていると紹介された。それが冒頭に書いた、「売りに出されているんだ！」という驚きだ。そして、なんとかしてこれを手に入れたい、というコレクター魂に火がついた。

　北原氏といえばアンティークのおもちゃコレクターとして世界的に知られる存在だ。同じくアンティークのおもちゃコレクターであるポール・マッカートニーやミックジャガー、デミ・ムーア、グラハム・ナッシュとも親交があり、ジョン・ラセター監督の名作「トイ・ストーリー」はブリキのおもちゃ博物館を訪ねて着想を得たことが知られている。

　北原氏のコレクションは、宮様の邸宅とはおよそ結びつかないと思われるかもしれない。だが北原氏の原点は、時計や生活骨董といった日常品だ。そこからジャンルを広げて集めたコレクションの数は、もはやわからない。博物館や展示貸し出ししている以外のコレクションは、3階建て1200坪の倉庫へ。天井まで積み上げられた段ボールに、一つ一つ薄紙にくるんで収められている。そしてどこに何をし

まったかを、北原氏はすべて把握している。スター・ウォーズの等身大フィギュアや撮影に使われたマスクなどを収めたガラスケースの後ろには、飛行機や車までが収められている。

氏はまた現代作家の作品もコレクションしている。あまりに多岐にわたるコレクションに、収集の基準はあるのか尋ねたことがある。「琴線に触れたものに出会うと、いても立ってもいられなくなるんだよね」。そう言って、欲しいものを手に入れる北原流「夢実現の公式」を教えてくれた。

公式の一つめは、「想い」を強く抱くこと。佐島邸は最初の『ポパイ』で心奪われ、『BRUTUS』で決定的となった想いが、日に日に大きく強くなっていったという。

二つめは、具体的にイメージして夢見ること。北原氏が実際にこの家を手に入れることになる2年前に上梓された『北原主義の愉しみ』（コーエーテクモゲームス）には「ぼくがいま思い描いている家」として「世界に7台しかない原寸大の『禁断の惑星のロビー』が置ける部屋、その隣には1930年代のチョコレートのガラスケース、窓から海が見えれば最高」と書いている。いまの佐島邸は、まさにその通りの邸宅。「ガレージと居間が一体になっている」というイメージは、屋敷の地下から直接海にこぎ出せるボートの停泊所へと変わった。

三つめは、その夢を「熱く」語る、だ。資金をどうするのか。そんなことはいったん横に置き、北原氏は周りの人に「宮様の家を買うんだ」と言って回った。ある人はおもしろがって、またある人は「またそんな、夢みたいなこと言って！」と相手にしなかったが、氏の一念は揺るがなかった。

そして四つめの目的・目標を明確に突き進む、である。ここで奇跡が起こった。北原氏があまりにも佐島邸に熱を上げているのを見て、情報をくれる人が現れたのだ。最初に屋敷を見つけた時から16年後、とうとう恋い焦がれ続けた旧竹田宮別邸を手に入れたのだ。

北原氏はこの屋敷を「自分が持っている一番大きなコレクション」と語る。だから数年空き家になっていたこの家に入って最初にしたことは、すっかり変えられてしまっていた内装を、建物が建った1930年代の様式に戻す、ということだった。この時代に合うソファやテーブルセット、照明などを日本や海外のアンティークショップなどで買い求めた。

もちろんそこには、47歳当時の北原氏が「ぼくがいま思い描いている家」として書いていたコレクションが、心地良く収まっている。

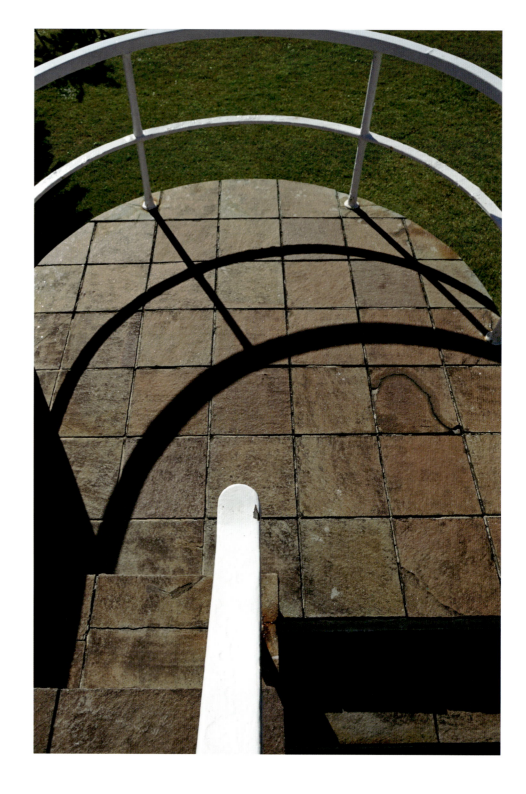

丸いカーブや華奢な手すりなど、モダニズム建築の特徴が随所に見られる

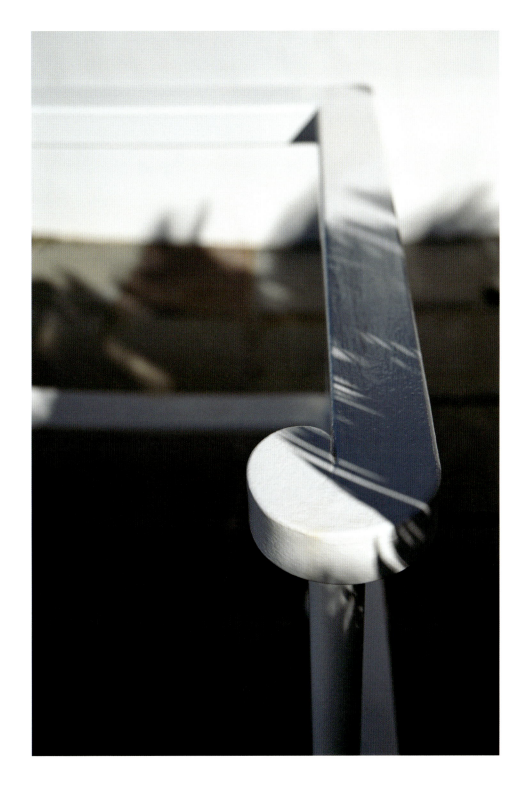

外装の手すりにも意匠が感じられる

午後、建物の影から陽が差すと真水を蓄えた
プールが輝き出す

日没を背に、佐島邸も静かに一日を仕舞う

屋上から眺める日没。光の道がまっすぐこちらに伸びる

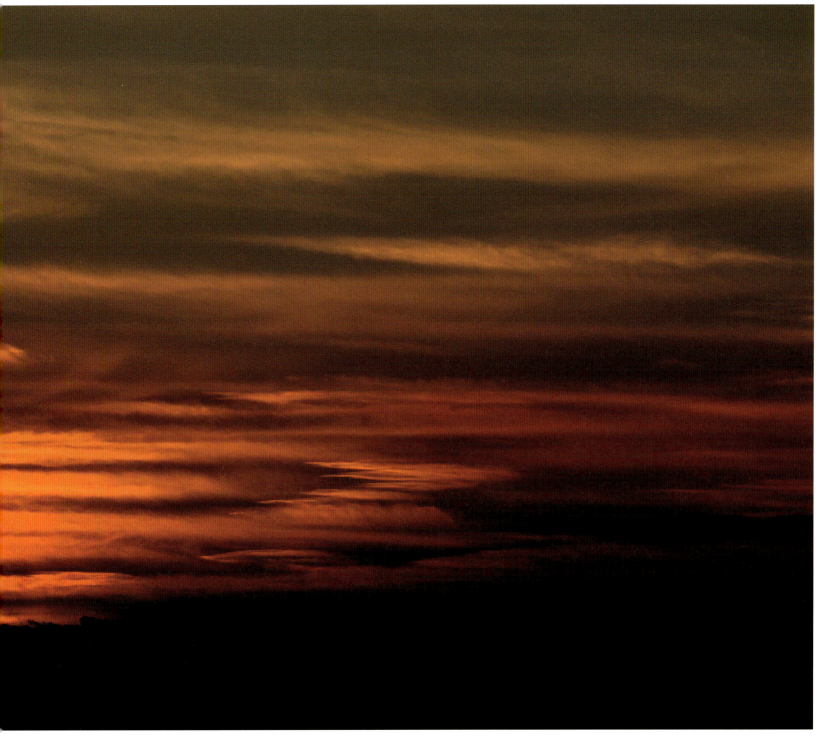

遠くの方に、江の島と湘南の街明かりが見える

邸宅の上に輝く北斗七星

現在の状況

築90年になろうかという佐島邸が、今も美しい佇まいを維持できているのは、オーナーである北原照久氏による並々ならぬ努力の賜物だ。

佐島はもともと温暖な気候で、穏やかな日は眼前に裾野まで広がる富士を、朝夕は刻々と色を変える空をバックにそぞろゆく雲の動きを、夜は星の瞬きを、室内から眺め過ごすことが出来る素晴らしい環境だ。

だが人間にとって快適な環境が、建物にも快適というわけではない。例えば少し風が強かった日の翌日は、海からまともに吹きつけた風が、円形の海を映し出す大きな窓だけでなく家中の窓を潮で真っ白に曇らせてしまう。そんな日は、大窓の掃除から1日が始まる。

満潮時に少し波が荒ければ、室内階段の下段にまで波が打ち寄せ、プールにたどり着くことができない。普段は心地良いさざ波だが、ひとたび海が荒れるとドーン！ドーン！とボートハウスに打ち付ける波音が屋敷内に響き渡る。

撮影：トイズプランニング　高橋良児

　自然を借景に暮らすことの代償をまともに受けたのは2007年夏に三浦半島を襲った台風による被害だ。佐島邸を囲む石積みの護岸がほぼ跡形もなく壊され、宮様の時代から大事に育てられてきた松を含む庭の半分が、波にえぐられてしまったのだ。

　室内は砂だらけ。何年もかけてやっと手に入れた大事なコレクションの数々も、見るも無惨な姿になった。いつもは前向きな北原氏も、さすがにこの時には心の底から落胆したという。しかしコレクター魂はくじけな

撮影：トイズプランニング　高橋良児

かった。

　便利で安価なコンクリートでの修理案を却下。元通り石積みの護岸にしたいと方法を模索していたところ、次々に縁がつながった。ダイバーが海に散らばった護岸石を集め、クレーンでつるしてすべてを元通りに。これには落胆した分の何倍もうれしく感動した、とのちに北原氏は語っている。

　こうして海が荒れるたびに根気よく室内の砂を掃き出し、ドアが壊れれば元あった通りに直して取り付け、膨大な数の大きな窓ガラスを掃除することが、日々繰り返される。

　北原氏は日頃から自身を「モノの一時預かり所」と表現する。氏が所有する最大のコレクションである旧竹田宮別邸のことも、「ここは僕が預かっているだけ。価値あるものがたまたま自分の手の中にあるのだから、これを次の世代へ出来うるかぎり元のまま伝えるのが自分の使命」だと語っている。この思いこそが、半端なく手間のかかる佐島邸を常に美しい姿に保っているのである。

　海に浮かぶように建つ佐島邸は、一般の人がふらりと立ち寄れる場所ではないが、有名な写真家や映像作家たちの目に止まって、時折、映画やドラマ、広告などの撮影に使われている。それと知らずに、目にしていることもあるかもしれない。

あとがき

2021年、コロナ禍も1年を過ぎたのに収束が見えず、世の中なにもかもが止まってしまったかのように見えていたその時、世界で大流行した音声SNSのClubhouseで私は北原さんと出会いました。「開運！なんでも鑑定団」鑑定士としてテレビでご活躍の北原さんが毎晩お話になる「Teru'sBar」で、実はブリキのおもちゃだけでなく「言葉コレクター」「現代美術コレクター」「ビジネスマンのメンター」などなど多彩な活躍をしておられることを知りました。毎日の「今日の言葉」でプラス思考のマインドもたくさん教えて頂きました。

コレクションの数を尋ねる人がいると、そのたびに「君ね。コレクションは数を数えているうちは初級者だよ。数えきれなくなったら中級者、数なんてどうでも良くなったら上級者なんだよ」と話されます。こんな精神で集めまくったコレクションのお話もたびたび飛び出しましたが、その中でも特に熱を持ってお話しされていたのが、最大のコレクションである旧竹田宮別邸のこと。1981年雑誌『ポパイ』で「海を庭にしてしまった家」と紹介されたこの邸宅を、一目見たときから心奪われてしまった北原さん。16年後に手に入れるまでの奇跡のストーリーに、私までワクワクが止まらず、やがて「稀代の蒐集家、北原照久を魅了した家」を撮ってみたい！と思うようになりました。

ところが、いざ許可を頂き通い始めると、貴婦人のような気性のお屋敷にたびたび悩まされることになりました。どこから狙ってもスンっと美しいたたずまいのはずが、まるで機嫌を損ねているかのように扉を閉ざして、良いシーンをまったく見せてくれないことが続いたのです。お客さまのことは最高の笑顔でお迎えするのに、少し近づくと厳しいお顔の連続です。ほとんどシャッターを押せず、庭の落ち葉拾いをして帰った日もありました（お掃除のお手伝いを申し出ましたが、コレクションということで一切手出しをさせてもらえませんでした）。それでも北原さんがいらっしゃるときには、天気予報がどうであれ晴れることが多いのにはびっくりです。

佐島邸の歴史についてもしかり。いくら調べてもなにも出ず、挫けそうになるたびに助けてくれたのは新旧の仲間たちでした。

無謀とも思われた撮影のお願いを快諾してくださった北原ご夫妻はじめ、この企画に当初からエールを送ってくれた写真弘社の森真次さん、写真に命を吹き込んだアートディレクター宮坂淳さん、編集を引き受けてくださった尾崎憲和さん、他たくさんの方の応援ご協力に、心から御礼申しあげます。そして両親と祖父金丸重嶺にも、心からの感謝をこめて。

2024年9月

石田美菜子

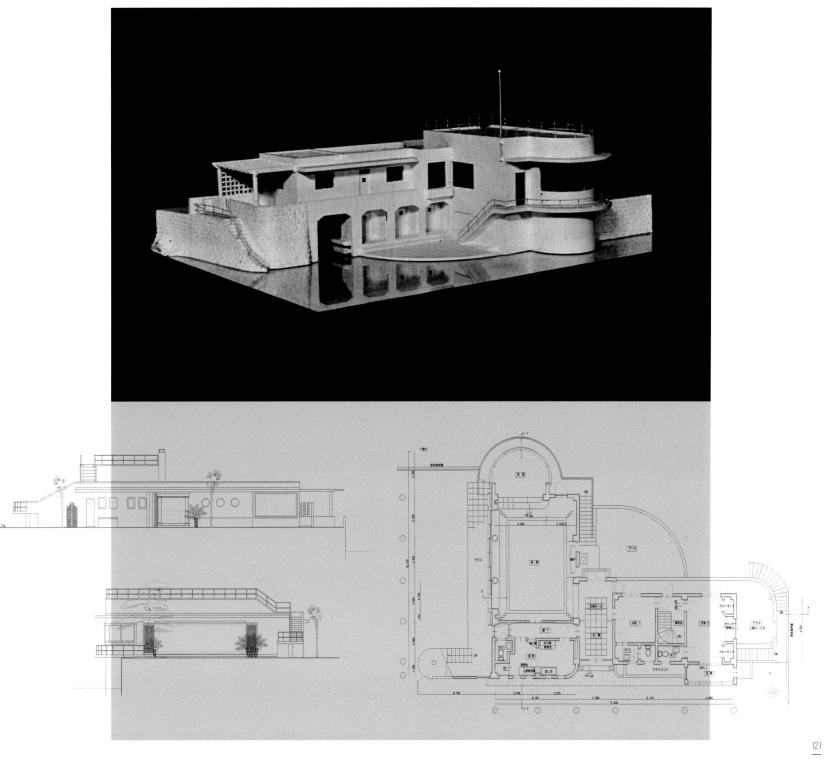

出典:国土交通省国土地理院(2点とも)

海を庭にしてしまった家

海を庭にしてしまった白亜の邸宅

ブリキのおもちゃ博物館 館長
北原照久

　この家が売りに出ていると知った時、心が騒ぎました。もともと海への憧れが強く、いつか海を眺めて暮らせる家に住むんだと決めていましたから。

　元東京都知事の石原慎太郎さんは著書「弟」の中で、ヨットに乗り、噂で聞いたことのあるこの家を眺めに行った時の思い出をこんなふうに書かれています。「佐島は三浦半島の西岸、そこは浜木綿（はまゆう）の北限の地であるだけでなく、なんでもそこには、誰であったかヨット好きな皇族が昔、贅を尽くして建てた、地下室からヨットを繋ぐ桟橋にも通じるという夢のような別荘があるという」

　慎太郎さんは佐島までの航海を企て、噂の家を確かめに行く。「まるでどこか遠い外国のような錯覚を与えもした」と書かれています。そんな石原慎太郎さんと、私の憧れで大ファンの加山雄三さんは、僕が手に入れてからこの家に海から訪ねてこられました。お二人ともこの家に入るのが夢だったようで、大変感動し、喜ばれていた姿は今でも鮮明に思い出せます。

佐島から見たダイヤモンド富士　撮影：北原照久

　佐島には佐島時間というものが存在しています。朝、小鳥のさえずりとともに目覚め、外へ出ると波の音がとても気持ち良い。1年を通して波は穏やかで、透き通るようにきれいな海。群れをなして泳ぐ魚たち。大きなクロダイやイカの大群、ウミガメが姿を現したことがあります。庭では、様々な鳥たち。近所のネコや、まれにタヌキの親子が顔を

出すこともあります。

　玄関を開けてリビングに入ると、ダンスホールにも使っていたという板張りの空間。天井は一段高くなっていて、間接照明が仕込まれています。その奥には海に突き出した半円形の空間があり、180度のパノラマ。外観はシンプルでモダンですが、内装には優雅な装飾が施されています。手に入れてから数カ月は、内外装を当時のままにリノベーションし、この家が建てられた時代の照明を設え、フランク・ロイド・ライトのテーブルと椅子を設置しました。

　職人の手で蘇った家に、宮様の後に暮らしていた英国人を招待したことがあります。「家が喜んでいる」と感動され、英国から取り寄せて東京の自宅に置いてあったビリヤードに似たゲーム台がここには似合うと、プレゼントしてくださいました。

　アール・デコのポスターコレクターでもあるBA-TSUの松本瑠樹（るき）さんからは「僕の寝室に飾っている1928年のロベール・マレ＝ステヴァンスのポスターがこの家によく似合うので、僕にこの壁をくれない？」と言われ、素晴らしいポスターをプレゼントしてくださいました。僕はそのお礼に、大正11年の赤玉ポートワインのポスターを贈りました。

　また、何度か訪ねてこられた船井総合研究所の船井幸雄先生は、一歩敷地に足を踏み入れた瞬間「ここはなんと気の良い所だろう。特に庭の先端の場所は、良い気が泉のように湧き出ている。ここにいたら風邪は簡単に治るね」と嬉しい言葉を言ってくださいまし

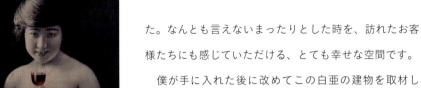

た。なんとも言えないまったりとした時を、訪れたお客様たちにも感じていただける、とても幸せな空間です。

　僕が手に入れた後に改めてこの白亜の建物を取材した雑誌『BRUTUS』も、素敵な言葉を書いてくれました。「1930年代後半のモダニズム建築の事例がいくつか見られ、そして、世界のモダンの最先端の色が白だったのでしょう。この家の白は一線を画していて、それはきっと浜木綿の白。築約90年経つうちに浜辺に咲く花、浜木綿の典雅なその花の色が移った贅を尽くした白」と。

　佐島に住んで27年、この家は様々な出会いを与えてくれました。来られたゲストが口々に、元気になった、運が良くなったと話してくれています。この家への最高の褒め言葉だと思います。

　住めば住むほど新しい発見があり楽しませてくれていますが、僕の一番大きくて動かせないコレクションを常に良い状態で保つのには、庭師さんや各種工事関係者、そしてスタッフの協力が欠かせません。塩害や台風の被害は想像を超えるものです。何度となく被害に遭っていますが、そのたびに修復し、地元の人たちからは今が一番きれいで輝いているとお褒めの言葉を頂いています。

■協力　　　　　　　北原照久・旬子
（敬称略・順不同）
株式会社トイズプランニング　高橋良児／金子 慧／早川香恵子／照井 宏
株式会社トーイズ　観音林昌子／古谷嘉章／福田夕美

岩田一直　（株式会社will b）
藤本えり　（フリーアナウンサー）
森 真次　（株式会社写真弘社）

藤森照信　（建築史家）
米山 勇　（建築史家）
林 美佐　（Galerie Taisei）
岡塚章子　（東京都江戸東京博物館）
マガジンハウス『ポパイ』編集部

園山朝子　（食空間プロデューサー）
込山正徳　（映像作家）
仲里カズヒロ　（イラストレーター　デザイナー）
相原正明　（写真家）
増森 健　（写真家）
内山夏帆　（文藝春秋）
大野 明　（朝日新聞社）
菊地勝広　（横須賀市自然・人文博物館）
本多 徹　（北原照久研究家）
小林啓吾　（湘南サニーサイドマリーナ株式会社）
久我 隆　（グランドプリンスホテル高輪）
AzzurrA Mare SAJIMA
奈良和徳　（株式会社杉坂建築事務所）
若原一貴　（日本大学芸術学部）
鳥海早喜　（日本大学芸術学部）
山崎恭子　（日本大学芸術学部）

福本ハツエ・宏行／丸吉商店／横須賀市佐島の皆さま
大橋祐二／中村鳳男／藤原仁美／小笠原みさ子／大木香奈／稲田光平

■参考文献　　　　『BRUTUS』「建築を楽しむ教科書」（マガジンハウス）
『新横須賀市史』（横須賀市）
日本経済新聞「私の履歴書」（1976年4月）
『北原主義の愉しみ』（北原照久とトイズクラブ、コーエーテクモゲームス、1995年）
『夢の実現　ツキの10カ条』（北原照久、アーティストハウスパブリッシャーズ、2006年）
『自然教育園だより 2008年冬号』（横須賀市自然・人文博物）

海 を 庭 にしてしまった 家
美しい昭和初期の洋風建築　旧竹田宮別邸

2024年10月7日　第1版1刷

著者　　　　　　　石田美菜子
編集　　　　　　　尾崎憲和
装丁・デザイン　　宮坂 淳　（snowfall）

発行者　　　　　　田中祐子
発行　　　　　　　株式会社日経ナショナル ジオグラフィック
　　　　　　　　　〒105-8308　東京都港区虎ノ門4-3-12
発売　　　　　　　株式会社日経BPマーケティング

印刷・製本　　　　日経印刷

乱丁・落丁本のお取替えは、こちらまでご連絡ください。
https://nkbp.jp/ngbook

ISBN978-4-86313-626-7　Printed in Japan

©2024 Minako Ishida

本書の無断複写・複製（コピー等）は著作権法上の例外を除き、禁じられています。購入者以
外の第三者による電子データ化及び電子書籍化は、私的使用を含め一切認められておりません。